글, 그림, 사진 OH

첫 걸음

2023. 3. 2

나는 말이야 늘 부끄러워

누가 날 쳐다보는 것 같아

그럼 점점 화가나

너무 화가 나 울어

그럼 이 노래가 생각나

외로워도 슬퍼도

나는 안 울어

어느 날 꽃 한 송이 그리다

마음에게 달아 줬어

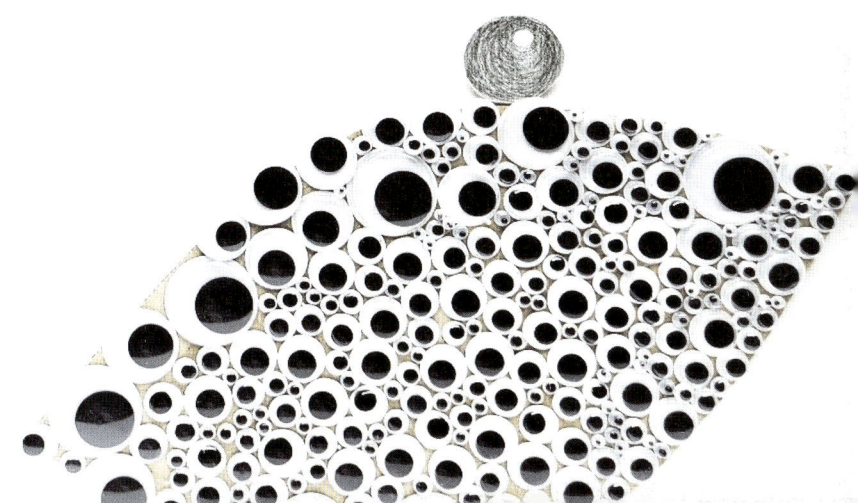

마음이 변하기 시작했어

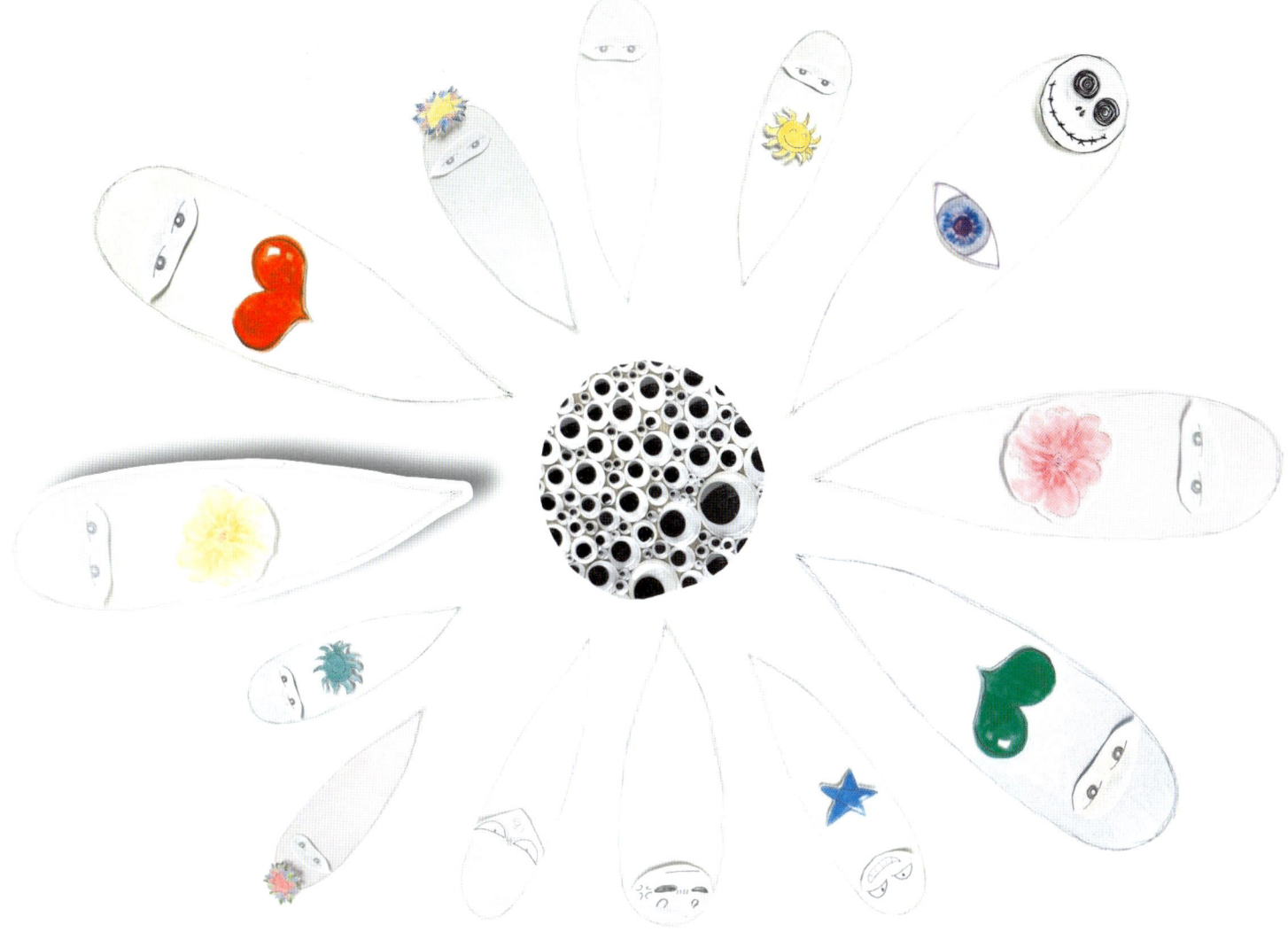

눈은 내 마음이었어

그래도 비가 오면 울어

마음이 축축해

마음에게 사과해

날 짓눌러

날 짓눌러

그럼 가시가 돋아

모르는 내가 있어

천천히 나를 보았어

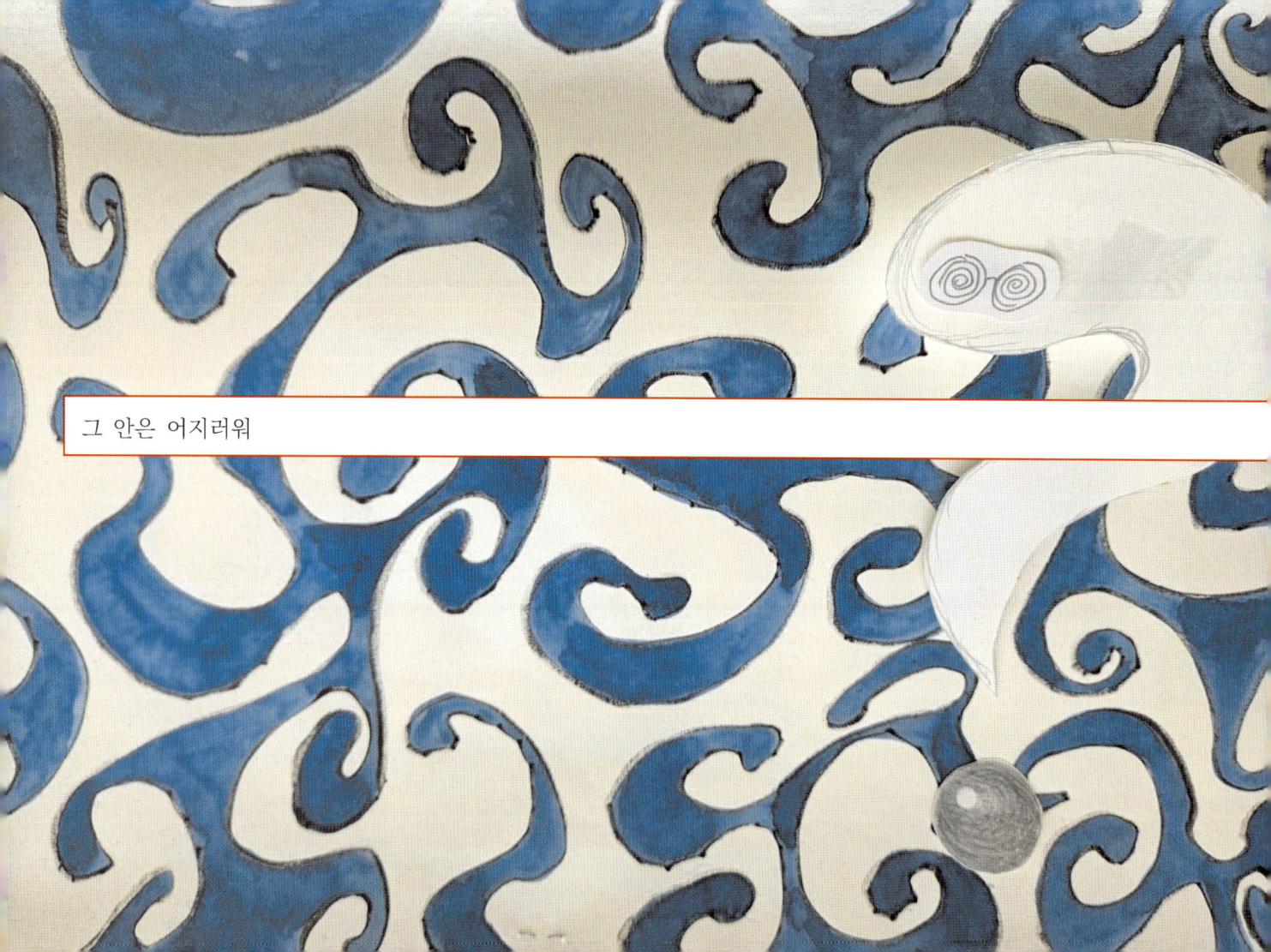

그 안은 어지러워

그 많은 아저씨는

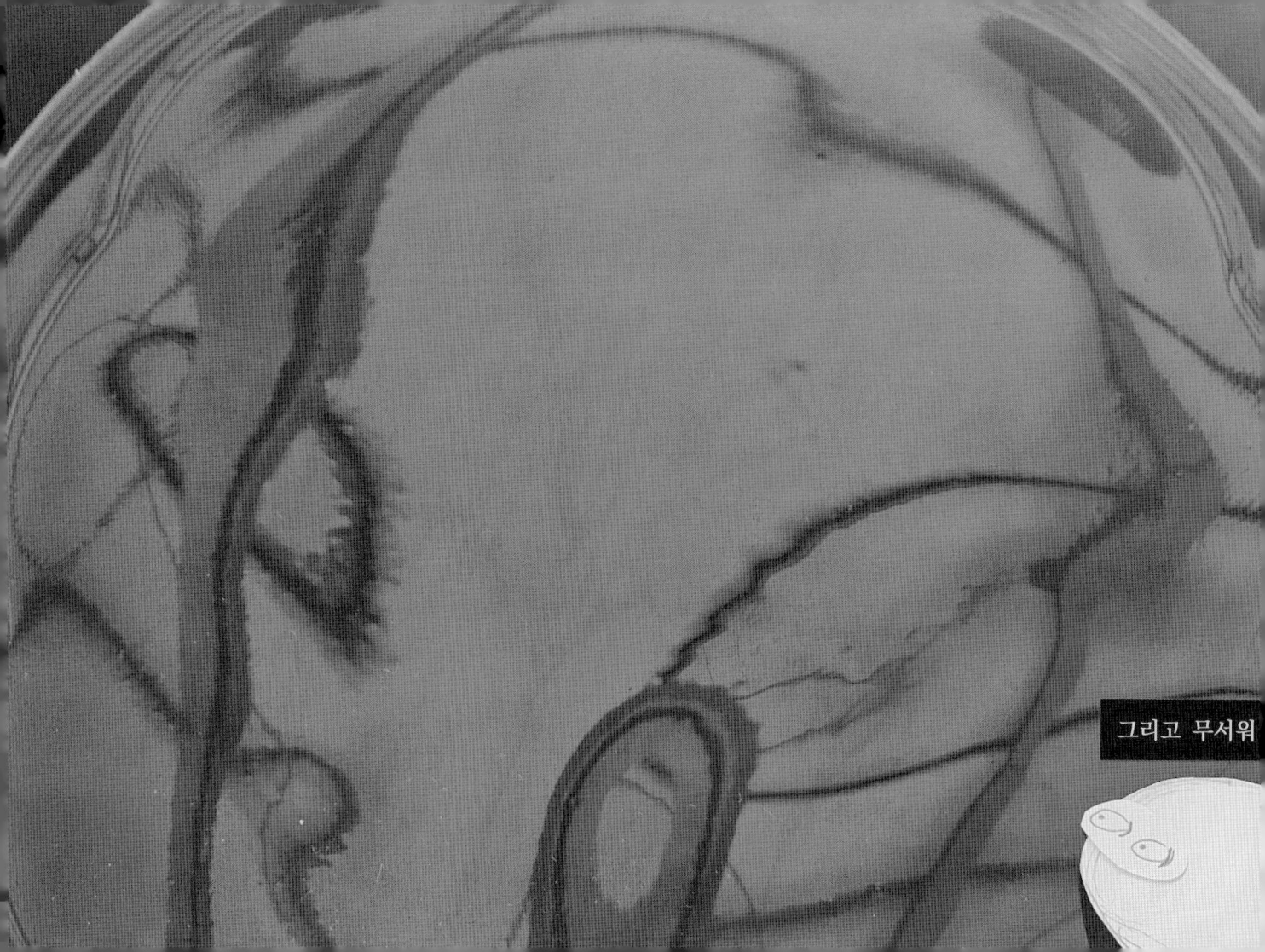

그리고 무서워

날 부르고 있어

그럼 그가 나타나

늘 빼꼼히 날 찾아와

그동안 모른척해서 사과해

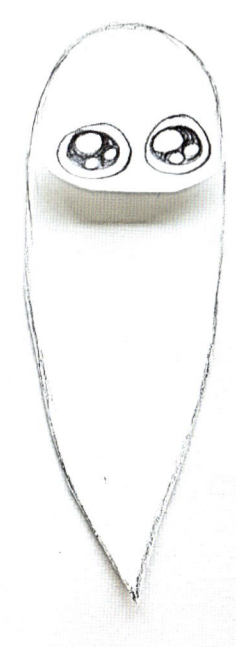

그 안에서 나오고 싶었던 거지?
너도 세상이 궁금한 거지?

내가 궁금한 거지?

네가 알았던 모두 다 없었던 거지?

이제 그를 마주해

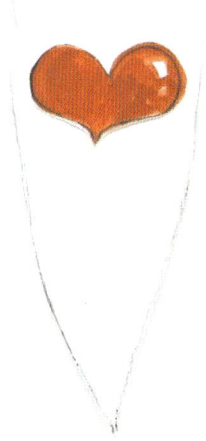

그가 나인 걸 알아

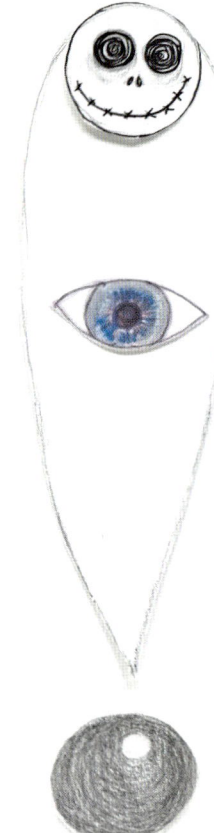

모두 나였어

마음에 눈을 뜨고

이제 나를 봐

나만의 캔디로

마음에게 꽃 한 송이

사실 난 캔디보단 코난 친구 포비가 더 익숙해

이젠 내 안에 달달한 따뜻함이 있다는 걸 알아

몽글몽글한 생각들로

가득 채울거야

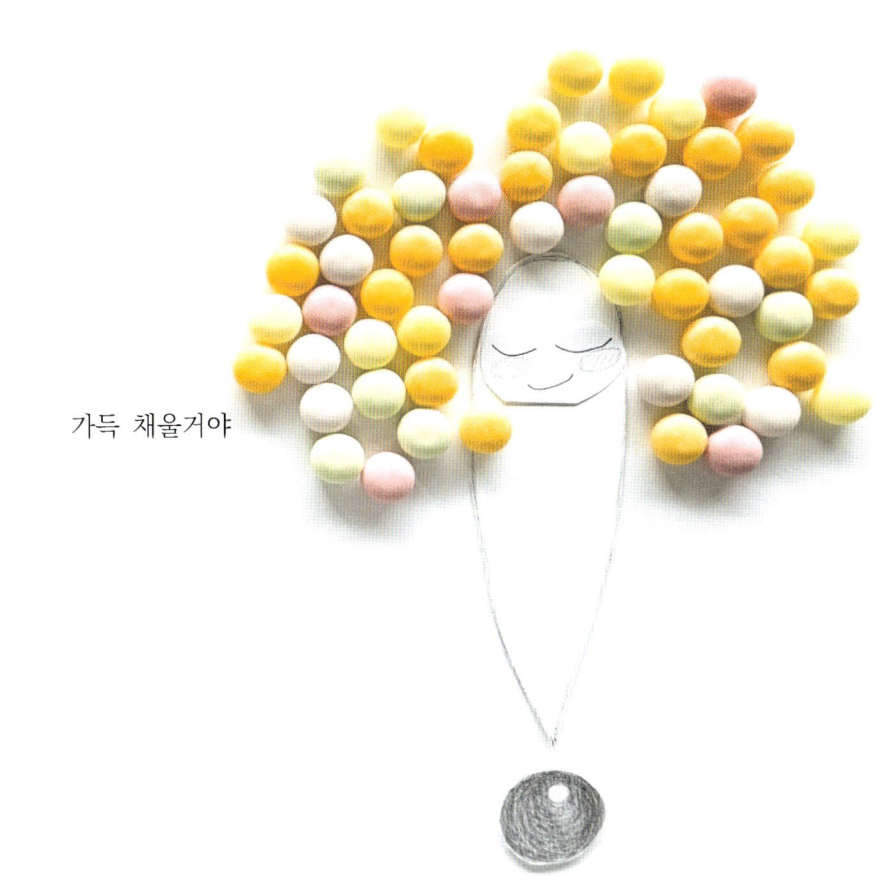

더 밝고 달달하게 빛날 거야

투명하고 맑게

이제 태양과 함께 웃으며

온전한 나로

멋진 세상 속으로 당당히 나갈 거야

여전히 바람 부는 언덕에 서 있지만

더 이상 부끄럽지 않아

그 이유를 찾았으니까

- 작가의 말 -

나는 XXX XXXXX 다.

이 말을 하기까지 44년 걸렸다.

기억은 삭제되었고 감정은 왜곡되었다.

어린아이가 할 수 있는 유일한 선택이었다.

이제 와서 '왜'라고 묻는다면 치유하기 위해서다.

아직도 어린 내가 날 부른다.

두렵다.

삭제된 기억엔 무엇이 있는지 지금도 모른다.

남의 일처럼 훼손되는 첫 행위만 있을 뿐이다.

오랜 세월 외면해 왔다.

토해내지 못한 가시처럼 박혀 부끄러움으로 곪아 터져 독한 냄새를 뿜어내고 있어도 외면했다.

대신 가족에 대한 증오와 스스로에 대한 혐오로 지난 세월을 감내하며 살았다.

긴 글을 쓰며 알았다.

인지하고 있지만 알려고 하지 않았던 사실을….

어린아이를 헤집어 놓은

손

이십 년 만에 만나 너무나 태연히 "왜 연락 안 했어?"라고 말하며 웃고 있던 얼굴을 보았을 때

경직된 몸이 떨리면서도 왜 그런지 몰랐다.

기나긴 글 속에 나를 대면하며 어둠의 실체를 알았을 때

훼손된 어린 나를 만났다.

난 여전히 그곳에서 울고 있었다.

나는 소아성 폭력피해자다.

이제 어린 나의 손을 잡고 세상으로 나아가고 있다.

작가 OH는 필명 진선으로 글을 쓰고 있으며 현재 복수를 주제로 글을 쓰고 있다.

완벽한 복수 1 (북 헌터- 2022 경기히든작가 선정작품집),   명상 (그 해 여름 오후 2시 - 단편소설집)

사과마음 마음사과

초판 1쇄 발행 2025년 9월 9일

지은이 OH

발행인 진선애

펴낸곳 펀퍼니팩토리

등록 제570-2024-000010호(2024.11.15)

주소 경기도 여주시 주내로 48-44

전화 010 3579 4309

이메일 ae0017@naver.com

-이 책 내용의 전부 또는 일부를 이용하려면 반드시 저작권자와 펀퍼니팩토리 양측의 동의를 받아야 합니다.

-잘못된 책은 구입처에서 교환해드립니다.

-책값과 ISBN은 뒤표지에 표시되어 있습니다.